CHATSWORTH
BOOKCASE
SHELF

L'Amour bravee en faveur des Dames – En Amerimnie.
Antithese contre la Pyromanthe de l'Amour – Par Rogny 1583.

L'AMOVR BRAVE EN FAVEVR des Dames.

Par Gethosyn Apragme Sieur d'Amelie.

AVX DA[illegible]ES,

Vous qui estes douces, & belles,
N'auez que faire de me voir,
Mais bien vous fieres & rebelles
Pour apprendre vostre deuoir.

EN AMERIMNIE.

Par Hilaire le fedre à l'enseigne du Querderotrofe.

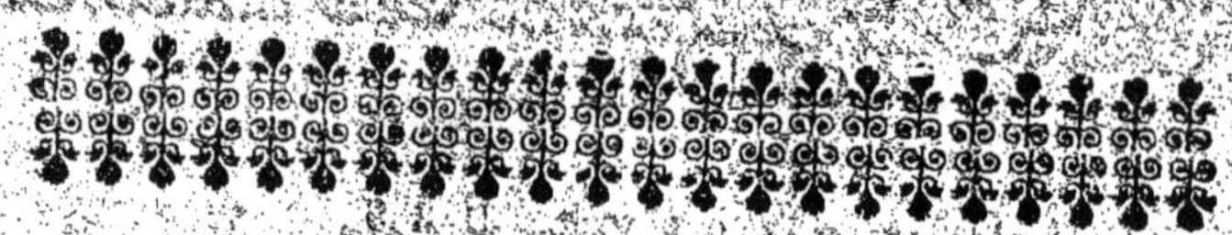

LE PRIVILEGE.

Par Arrest de Nature vn chacun à puissance
De penser ce qu'il veut, & faire ce qu'il doit,
De pouuoir remarquer tout ce qu'il apperçoit:
De dire ce qu'il ose, & par fois ce qu'il pense.

A CE LIVRE.

Les plus sages, encor' à peine,
Pour ces vers du bien te voudront,
Mais les mauuaises te hayront,
Car verité engendre hayne.

L'AMOVR BRAVE EN FAVEVR DES Dames.

SVYVANT l'erreur commun où guide l'ignorance,
Ie me paßionnois aymant vne beauté,
Et aueuglé d'esprit en ma naiueté
Ie glissois en labus d'vne vaine esperance:
I'allois plein de souspirs rechercher allegeance
Vers l'obiect qui m'estoit obiect de cruauté,
Et ne pensois qu'à l'œil qui m'auoit arresté,
Comme chacun s'adonne à ce que son cœur pense:
Ie me perdois d'amour, de regrets, & d'ennuis,
Ie souspirois de iour, ie lamentois de nuicts,
Furieux n'ayant rien qu'en l'ame vne maistresse,
Et ne descouurant pas que les dames faisoyent
Mille jeux de mespris de ceux qui les prisoyent,
Trompé par vn bel œil ie mourois de détresse.

Maintenant que ie sçay (commençant mon bonheur)
De quel fascheux esprit les dames sont menees,
Suyuant en liberté meilleures destinees,
Ie me donne plaisir de ma premiere erreur:
Ie recognois l'abus, dont ceste folle humeur
Agittoit quelques fois mon ame, & mes pensees,
Et sans plus me former au cœur telles idees,
Ie viuray triomfant & non pas seruiteur:
Ie braueray l'amour, & d'une belle audace
Ne craignant leur rigueur, ny souhettant leur grace
Des dames ie prendray tout ce que ie pourray,
Je les feray resoudre a oublier leur gloire,
A se laisser conduire, à prier, & a croire
Qu'elles feront en fin tout ce que ie voudray.

Lors que premierement nous abordons les Dames,
Nous qui auons l'honneur de la perfection,
Elles ont (ie le sçay) de toute esmotion
Pour nous vouloir du bien les agreables flames:
On cognoit aussi tost leurs delicates ames
Donner lieu doucement à leur affection,
Et si elles osoient, pleines de passion
Elles descouuriroyent leur amour par leurs larmes.
Cependant finement par l'art de leur beauté
Elles sappent nos cœurs, & nostre volonté
Aise se laisse aller à leur bel artifice,
Et nous ne voyons pas combien dedans leur cœur
Se logent de dedains, de mespris & d'erreur,
Mais nous sacrifions nostre ame à leur malice.

Leur faisant les doux yeux nos vœux elles reçoiuent,
Et d'vn souspir larron feignans mesme desir
Nous tirent doucement, pour se donner plaisir
Par les euenemens qu'au cœur elles conçoiuent.
Vrament quand doucement nostre ame elles deçoiuent,
De ie ne sçay quel bien nous nous sentons saisir,
Que peu considerez nous n'auons pas loisir
De voir en leurs façons ce que tous aperçoiuent:
Ainsi suiets d'amour leurs yeux nous adorons,
Nous nous rendons captifs, nous prions, nous pleurons,
Tous humbles leur rendans deuoir d'obeissance:
Et lors elles qui sont d'vn cœur rude, & hautain,
Se iouent de nos pleurs, & fieres en dedain
Brauent nostre sottise auec trop d'insolence.

Il faut auoir vn cœur pour aller a la guerre,
Et non pour se laisser aux femmes abuser,
Il ne faut aux appas d'vn bel œil s'amuser,
Ains perdre ses esclairs par vn rude tonnerre.
Il ne faut pas qu'vne ame indiscrettement erre,
Pour vn lustre d'abus que lon doit mespriser,
Mais il faut viuement son courage attiser
A surmonter l'orgueil, qui trop fier nous atterre.
Quand nous aurons les cœurs si dignement formez,
Pour des vaines beautez ne serons animez,
Mais saurons à propos gouuerner nos pensees,
Alors pleines d'amour les dames nous priront,
Humbles elles viendront à ceux qui les voudront,
Et si s'estimeront encores bien prisees.

Si quelque Dame est belle, elle aura le cœur fier,
Heureux estimera ceux qui parleront d'elle,
Et plus heureux encor cil qui la trouuant belle,
A ses pieds osera humble s'humilier.
S'elle pense sçauoir, en son esprit leger
Imaginant tousiours quelque chose nouuelle,
Vers les hommes sera vaine, ingrate, rebelle,
Rude à qui la voudra doucement supplier.
Si elle a des moyens, fondee en sa richesse,
Trionfera galande en faisant la maistresse,
Et pleine de fierté fascheuse brauera:
Mesme si elle estoit, laide, ignorante, & haire,
Elle aura de l'orgueil, car elle pensera,
Qu'elle a ie ne sçay quoy dont nous auons affaire.

Ie ne regrette point douce belle maistresse
De vous auoir serui, car vous le meritiez:
Mais loin de ce bel œil duquel vous m'allumiez
Ie pleins d'auoir cogneu des autres la rudesse.
Ma Belle viuez donc sans peine & sans detresse,
Et vous viuez aussi qui vous humiliez,
Mais vous dont le cœur feint fait que fiere soyez
Perissez de fureur, de despit, de tristesse.
Belle quand i'adorois l'honneur de vos beaux yeux,
Humble ie leur estois, car ils m'estoient piteux,
Mais les autres beautez indignes qu'on admire,
Pour se faire valoir, font mourir vn amant,
Et a plusieurs amis octroient librement,
Ce qu'vn pauure abusé mal à propos desire.

Vous ne sauez que c'est vous qui blasmez amour,
Vous n'auez point senti d'vn bel œil la blessure,
Mais vains & paresseux ennemis de nature,
Passez loing de l'honneur indignement le iour.
Vous sauez bien que c'est vous qui prisez l'amour
Qui dans le cœur auez d'vn bel œil la blessure,
Qui prompts & diligens dignes fils de nature
Passez selon vertu heureusement le iour.
Tous ces propos sont beaux & a sa fantaisie,
Vn chascun eslira le sentier de sa vie,
Estimant bon & beau le chemin qu'il prendra:
Mais moy i'estime digne, heureux, accord, & sage,
Qui gentil, iouissant de son libe courage,
Sinon pour passetemps aux dames n'entendra.

Lamenter a part soy pour vne beauté vaine,
Importuner le ciel de ses cris amoureux,
Sans cesse regretter, se plaindre malheureux,
Et se feindre à son gré la douleur d'vne gesne:
Passionner son ame & s'emmaigrir de peine,
Appeller vn bel oeil, or' doux, or' rigoureux,
Idolatrer l'obiect pour qui tout langoureux
On soupire son mal, d'vne piteuse aleine:
Prier honteusement vne femme qui n'est
Ny beauté, ny vertu, qu'autant qu'elle nous plaist,
Et souffrant son dedain, en tourmenter sa vie,
Auecques trop d'honneur lasche s'assujettir
A la femme qui n'est née que pour seruir,
Ce sont à dire vray des effets de folie.

Que vous estes gesnés vous pauures douloureux,
Si vous aurez senti de la gesne la presse
Vous n'auriés point au coeur le nom d'vne maistresse,
Et n'auriés en l'esprit les desirs amoureux.
C'est bien faute de coeur à l'homme langoureux
De se forger ainsin vne dure destresse,
Au lieu que d'vn sang chaud, que la grandeur adresse
On se doit monstrer fort, prudent & genereux.
Voila tous ont plaisir a esgarer leurs ames
Aux pourchas amoureux des douceurs de ces dames,
Qui pour se voir chercher, grand cas s'estimeront:
Mais feignons vn petit de n'en auoir que faire,
Vous verrés auenir tout soudain au contraire,
Que nous les recherchons, qu'elles nous chercheront.

Madame sera la faisant la retranchée,
Ne vous sonnera mot, mais bien vous espi'ra,
Si vous parlez a elle, elle vous reiett'ra,
Bien fiere toutesfois de se voir recherchee:
Voulez vous l'accoster, comme bien empeschee
N'en fera pas semblant, mais se destournera,
Et pour plus vous brauer a vn autre entendra,
Et plus vous l'aymerez moins en sera touchee.
Vous cognoist on picque, vrament vous en aurez,
Vous voulez de l'amour, & vous en patirez,
Ainsi se faut iouer se disent ces meurtrieres,
Mais sçauez vous que c'est, n'en faites point d'estat,
Vous serez recherché, & prendrez vostre esbat
A vous voir caressé de ses ames tant fieres.

Dames qui les vertus honorés saintement,
Ne vous passionnez pour chose que ie die,
Ie n'ay point contre vous animé mon enuie,
Car ie veux vous seruir, fidelle en mon serment:
Touché du bel amour dont tant heureusement
Ie ressens les douceurs en mon aise accomplie,
Ie iure qu'à iamais i'honoreray ma vie
Du nom de seruiteur seruant loyalement.
Mais non pour vous seruir, friandes dédaigneuses,
Qui en voulez auoir, & cependant fascheuses
Prenez plaisir a voir vn amant en douleur:
Allez allez filer & qu'onques honneste homme
Enuelopé d'amour, pour vous ne se consomme:
Mais passez en mespris de vos iours le mal-heur.

S'il y a quelque amour, ce n'est que fantaisie,
Dont en fin les effais ne sont que vanité,
Que par noms ressentans l'air de diuinité
Nous osons appeller l'honneur de nostre vie:
Ainsi par tels abus paroist cette folie
Qui des ieunes errans tient l'esprit arresté,
Desquels plustost le cœur vaillant, grand, indompté,
Deuroit tenir pour rien cette vaine furie.
Il faut qu'vn homme soit terrible, auantureux,
Honteux d'estre estimé languissant amoureux,
Mais desireux d'auoir vn honneur qui merite:
Tel honneur ne vient pas d'adorer des beaux yeux,
Car pour vn bel esprit ardent, & genereux,
Vne telle fortune est indigne & petite.

Hé! qu'elle à bonne grace & quelle est douce & belle,
Qu'elle a de majesté, he! qui ne l'aymeroit,
Et qui pour la seruir bien-heureux ne voudroit
Consumer ses beaux iours en l'adorant fidelle.
Ce sont vos mots communs Amans dont l'ame est telle
Que rien que vanité cognoistre ne sçauroit:
Mais quand bien une dame en tout parfaite auroit
Tout ce qu'on en peut dire, he! bien que seroit elle?
Quand elle auroit les yeux aussi beaux que le iour?
N'auroit rien de honteux, seroit toute l'amour,
Et qu'elle fut en tout une parfaite dame,
Que seroit-ce? sinon, une femme & puis rien,
Vne femme qui n'est honneur, santé, ny bien,
Mais l'hameçon qui tire à ruyne nostre ame.

Vrament ie ne di pas qu'il ni en ait quelque vne,
Qui ne merite bien quelques restes d'honneur,
Qu'on ait pour ses beautez quelque amitié au cœur,
Pour passer auec elle vne mesme fortune.
Car la necessité à plusieurs gens commune,
En à beaucoup submis au joug de ce mal-heur,
Et le destin fascheux qui hait nostre grandeur,
Gourmande nostre estat par la femme importune.
Puis donc qu'il est ainsin, on ayme encores mieux
Eslire de deux maux le mal plus gracieux,
Et partant pour cela des belles on fait conte:
Et si n'estoit aussi que leur voulons du bien,
Qu'on s'abaisse a aymer la femme qui n'est rien,
Se seroit l'animal de mespris & de honte.

La dame est elle honneste, elle l'est par deuoir,
A-telle quelque grace, elle est bien fortunee.
Sçait elle quelque chose, elle en est mieux ornee.
Sa beauté paroist elle, il la fait meilleur voir.
Pour tout cela faut il d'vn debile vouloir,
S'imaginant du bien en son ame obstinee,
S'humilier honteux à celle qui est nee
Pour heureuse fleschir dessous nostre pouuoir?
He! bien vous me direz, ie meure son merite
A luy vouloir du bien si doucement m'incite,
Que contraint il me faut l'honorer & seruir:
Mais pesez son merite auec vostre seruice,
Vostre iuste deuoir, auec son artifice,
Et vous serez contraint de vous en repentir.

Deuoir beaucoup, & n'auoir point d'argent,
Estre malade, & n'auoir alegeance,
Estre en mal-heur, sans auoir esperance,
Auoir grand cœur, & se voir indigent:
Estre serui d'vn vallet negligent,
Auoir du bien, sans auoir iouissance,
Vouloir beaucoup, & estre sans puissance,
Estre pressé par vn fascheux sergent:
Estre en prison, où pour crime où pour dette,
Eestre estranger, n'auoir point de retraite
N'auoir iamais ce que lon à presté,
Pour ses mal-faits auoir l'ame pressee,
Tout cela n'est tant d'incommodité,
Comme d'auoir vne femme espousee.

Alors que vous serez en la chambre enfermée
Belle qui n'auez rien que l'amour dans le cœur,
Et que vous iugerez par ces vers mon erreur,
De dédain vous serez contre moy animee:
Ce fascheux direz vous n'eut oncq l'ame enflamee
Des delices d'amour, ains plustost de fureur,
Et trop presomptueux, proche de son mal-heur,
Encourt infortuné sa triste destinee:
Le babillard qu'il est, il n'a point de credit,
Des dames le mespris tout miserable il vit,
Meritant qu'à bon droit toute dame le chasse:
Mais vous aurez grand tort, car qui vous blasme plus,
Il est le mieux venu, il a moins de refus,
Et qui plus vous ennuye & plus reçoit de grace.

Il ne faut point aimer pour le contentement,
Il faut estre hardi, indiscret, temeraire,
Il faut tout hazarder, il faut brauement faire
Tout ce qui vient à gré, se faignant doucement:
On se mocque tousiours d'vn langoureux amant,
On trompe incessamment cil qui desire plaire,
On iugera tousiours indigne d'vn affaire
Celuy qui n'ose pas la tenter hardiment:
C'est abus que l'amour, on en trompe les bestes,
Car entre les façons des dames plus honnestes,
On feint quelque amitié, mais on fait le deuoir:
Ce que l'on dit Amour, Est vne fantaisie
Dont les dames d'honneur enueloppent la vie,
De ceux qui n'ont courage, audace, ny pouuoir.

Belles dont le despit iamais ne se termine,
Quand vous lirez ces vers ne vous faschez de rien,
Ie n'ay point veu de mal, ie ne sçay que tout bien
De vous heureux Soleil qui le monde illumine :
Croyez ie vous suppli que ie ne me mutine,
Pour auoir esté pris d'vn amoureux lien,
Ie ne suis offencé d'vn fascheux entretien,
Ni pour quelque dédain ie n'ay l'ame mutine:
Ce que ie chante icy, ie le fais à plaisir,
Pour debatre auec vous ie cherche ce loisir,
Me iouant doucement de vous autres follettes,
Ainsi chacun se peut à son gré resiouir,
Car vous n'estes sinon pour nous entretenir,
Soit que nous vous nommions où folles où honnestes.

Les pensees d'amour ne sont que fixions,
Dont on sçait amuser l'abusee ieunesse,
Affin que par cela vn esprit on repaisse,
Pour se mocquer en fin de ses intentions,
Et cependant vn fol en ses opinions
Au jeu se picquera, pour sa belle maistresse,
Et elle a son plaisir vsant de sa finesse
Le laissera trompé d'imaginations.
Adoncques le pauuret se laissera conduire
Aux erreurs de l'amour, donnant suiet de rire
A celles dont plusieurs ont tout contentement:
Et tandis il aduient qu'ainsi comme ces belles,
Se mocqueront d'vn sot, on se mocquera d'elles,
Et cependant ainsi chascun vit chastement.

Voulons nous faire bien accordons nous, les belles,
Ne faignons point d'amour les tristes cruautez,
Ennoyans loing d'icy nos importunitez,
Ne faisons les constans, ne faites les rebelles,
Laissons la vanité de nos flames cruelles,
Oublions les discours de nos fidelitez;
De moy ie veux l'effait, & vous le meritez,
Et desire establir telles lois eternelles:
Aussi faut en amour estre presomptueux,
Feindre vous recherchant d'estre sage amoureux,
Se preuallant tousiours d'une bonne fortune,
Se taire quelques fois, peu souuant rechercher,
Prendre tout ce qui vient, en vain rien ne tascher,
Toute dame aborder, & n'estre contant d'une.

Il n'est rien de si beau que l'amoureuse flame,
Et d'auoir en l'esprit quelque belle douceur:
Mais ce qu'on pense amour, n'est point cette fureur
Qui fait qu'un homme soit esclaue d'une dame:
L'amour est un doux feu qui doucement enflame,
Vn feu ne peut durer sans suiect en ardeur,
Le suiect & l'ardeur sont se ioindre en douceur,
Et sentir tel effait, est l'ame de nostre ame:
Autrement ce n'est rien, Amour est un effait,
Il ne le faut penser un importun souhait
Qui nous fait courre apres des fantasques idees,
Dames vous le sauez, car sans vous tourmenter,
Vous choisissez celuy qui vous peut contenter,
Et laissez souspirer cil qui vit de pensees.

Que vous trouuerez bon que ie me precipite
Aux douceurs de l'effait qu'en amour nous cherchons,
Vous dites a part vous voila nous le tenons,
Il est pris par ce feu qui dans son cœur s'exite:
Il est vray, ie le sens doucement il s'irrite,
Et se multipliant il chauffe mes poumons,
Desia j'ay dedans moy vn millier de tisons,
Ayant du feu d'amour l'ame toute recuite:
Mais en ma passion si j'ay recours a vous,
Voila vostre fierté vous mettra en courroux,
Et tiendrez vostre rang belles presomptueuses,
Vous parlerez d'honneur, & ne ferez plaisir
Qu'à ceux qui n'ont rien moins qu'vn semblable desir,
De peur de descouurir vos flames amoureuses.

Ne parlez point d'honneur, il n'est honneur semblable
A la delicatesse où lon se laisse aller,
Alors que doucement on se sent enlacer
Des doux humains plaisirs d'vn suiet agreable.
L'honneur est posseder ce qui est desirable,
Plus de suietz on peut doucement caresser,
Et plus on peut d'honneur iustement amasser,
Et de plus on triomfe, & plus on est louable:
Toutesfois ie diray que vous ferez fort bien,
Lors qu'à ces demandeurs vous n'ottroyerez rien,
Car ils rapportent tout, & ne sauent rien faire:
Mais à qui le sçait prendre, & vser du loisir,
Faites à la coustume, & le laissez joüir,
L'amour est en l'effait & l'honneur à se taire.

Vrament c'est vn grand cas de vos querimonies,
Que tant vous debatez pour vn fantasque honneur,
Mais qu'est ce que l'honneur, autre chose que l'heur
De ioüir bien souuent de ses douces enuies?
Pourtant ne faites plus tant de ceremonies,
Vous dames qui feignez ne sentir dans le cœur
Cet espoinçonnement de la mignarde ardeur,
Qui n'a but que l'estat des personnes vnies.
Faites ainsi qu'il faut, & comme font tousiours
Celles qui sçauent bien sous vn voile d'amours,
Receuoir & donner, toute delicatesse:
Mais quoy il y a tant de dames sans esprit,
Qu'elles ont vn honneur qui est fait par despit,
A qui plus on fait bien & plus on l'interesse.

Nous sommes assez folz, quand surpris des douceurs
D'vn incertain plaisir, nous donnons quelque entree
A ce qu'on dit Amour, dont nostre ame attiree
S'imagine du bien tout confit en douleurs.
Car alors nous prions espoinçonnez d'ardeurs,
Humbles nous gemissons affligez de pensee,
Fiers nous nous mutinons ayans la vie outree
De ce qui n'est sinon vn nuage d'erreurs:
Qu'est ce que nous voulons? Nous donner de la peine,
Seruir auec douceur vne dame inhumaine,
Et qui sans son plaisir iamais n'en feroit rien:
Bien que les femmes soyent indiscrettes, volages,
Il me le faut loüer, car elles sont plus sages,
De se faire prier pour receuoir du bien.

Ie parle

Ie parle d'vn honneur qu'il ne faut pas priser,
Car ordinairement des affaires sacrees
Qui concernent l'estat, les femmes reiettees
N'ont iamais eu credit de se formaliser:
Et pourtant, c'est abus de se scandaliser
Des fais particuliers des dames mesprisees,
Veu qu'elles ne sont rien entre nous estimees,
Qu'au pris que lon en peut pour le seruice vser:
Laissons donc cet honneur, car leur honneur plus rare,
Est alors qu'oublians leur pensee barbare,
Et leur meschante teste, elles font leur deuoir:
Et cependant vsons d'vne belle puissance
Pour en sçauoir joüir, dontant leur arrogance,
Non par vn bruit d'honneur, mais par nostre pouuoir.

Celle qui moins aura de cause suffisante
D'establir en honneur sa reputation,
Fertile en ses discours, grande d'opinion,
Et fera plus de bruit qu'vne plus apparente.
Celle qui voudra plus que l'amour la contente,
Es autres blasmera toute belle action,
Cependant qu'en son cœur pleine d'affection
De desirez plaisirs, elle mourra d'atente:
Comment les faut il prendre? Il ne faut s'abuser
Aux propos deguisez, mais bien accord vser
Du temps, & du pouuoir que le hazard nous preste:
Le temps & le hazard sont prestz incessemment,
Pourueu qu'on sache bien en vser prudemment,
Et qu'on forge vn honneur le faisant en cachette.

Si vne femme n'est en bon point & gentille,
Il n'est rien de si laid ny tant propre au dédain,
C'est l'animal plus vil, plus fascheux, plus chagrin,
Plus importun, plus sot, plus pauure, & inutile.
Si par long exercice elle deuient habile,
Elle en aura le cœur tant fierement hautin,
Que son esprit fantasque, indonté, & mutin,
La rendra insolente, & daccés difficile:
Et puis telle qu'elle est venés pour la prier,
Elle prendra en mal qu'on la veut honorer,
Ou vous refusera tant sera glorieuse:
Mais sans luy dire mot prenez le audacieux,
Et lors en son esprit, ou sot, ou glorieux,
Elle s'estimera & belle & bien-heureuse.

On fait estat de vous mais sçauez vous pourquoy?
Il nous le plaist ainsi, & pour nostre seruice
Nous voulons que soyez ornees d'artifice,
Autrement vous seriez l'ombre de tout esmoy:
Vous le sçauez assez, ie le vois & le croy,
Pource que vous cherchez l'industrie propice
De faire que vostre art vos beautez establisse,
Et nous faire semblant qu'il y a bien de quoy.
Que cela ne soit vray, on ne vous void rien faire
De bon, ou a propos ou qui soit necessaire,
Pour l'entretien humain de la societé:
Mais a vos affiquets sans cesser arrestees,
Vous recherchez comment vous serez mieux parees,
Pour vendre au plus offrant vostre chere beauté.

Nous vous faisons honneur, car honteux nous serions
De nous accommoder de chose mesprisee,
Il ne faut pas pourtant qu'ayez en la pensee,
Que de vostre grandeur quelque cas nous faisions:
Si pour le passetemps nous ne vous estimions,
Vostre beauté seroit honteusement passee,
Comme il en aduiendroit n'estant point excercee
Par le petit plaisir que d'elle nous prenons:
Ainsi que les enfans font cas de leur poupee,
Que le braue soldat estime son espee,
Que le docteur a soin des volumes qu'il lit,
Qu'on ayme vn beau cheual, vn tableau, vne image,
Qu'on est aise d'auoir chez soy de beau mesnage,
Ainsi pour s'en seruir la plus belle on choisit.

Dames ie ne suis point vn Arabe, vn Corsaire,
Vn Tartare, vn Dragon, vn Scite, vn furieux,
I'ay vn cœur qui resent les traits de vos beaux yeux,
Et qui ne fut iamais a vos douceurs contraire:
On peut facilement par les graces m'atraire,
De tout ce qui est beau ie suis fort curieux,
Mais enuers vn cœur fier le mien est glorieux,
Et ne saurois souffrir vne ame temeraire:
Que sert il de nous feindre vne farouche humeur,
Puis que nous sçauons bien que vous auez vn cœur
Qui souffre comme nous, d'vn desir la puissance?
Ne feignez donc l'abus, dont coustumierement
Vous repaissez les sotz, mais viuons librement,
Et prenons du plaisir en saine conscience.

C'est vn bel animal qu'vne femme bien belle,
Pourueu quelle soit propre & ait de la douceur,
Qui corrige l'aigreur qu'elle a dedans le cœur,
Et les dédains mortels de son ame rebelle:
C'est vn digne suiet qu'vne dame fidelle,
Qui merite à bon droit que lon luy face honneur,
Mais on y trouue tant de fainte & de rigueur,
Que plus a de beautez, & plus elle est cruelle:
De fainte incessemment se farde sa beauté,
En l'ame elle a tousiours la fiere cruauté,
Et ne peut on donter iamais sa violance:
Elle faindra d'aymer pour son contentement,
Mais cruelle voudra de chasque pauure amant,
Tirer mille fois plus qu'il n'aura de puissance.

Que vous m'iniurirez belles presomptueuses,
De descouurir ainsi les secrets du mestier,
Que de diuers tourmens vostre courage fier
Inuent'ra pour punir ces paroles fascheuses:
Ha si ie le tenois diront ces furieuses,
Vrament nous le saurions iustement chastier,
Il n'auroit dessus luy membre qui fut entier,
Et sauroit qu'à bon droit nous sommes rigoureuses:
Que ne sçay ie qu'il est dira toute en despit,
Vne a qui la fureur, les beautez embellit,
Vrament il sentiroit combien ie suis cruelle:
Et que me feriez vous? Affin de me fascher,
Vous me feriez tout vif entre vos bras coucher,
Pour donter les fureurs de mon ame rebelle.

Ie meure i'ayme bien a ioüer doucement,
Auecques les beautez d'une dame mignarde,
Et sens ie ne sçay quoy qui lentement me darde
Vn trait qui resiouit tout mon entendement:
Cette delicatesse est tant poltronnement
Attachee a nos cœurs, qu'insi on se hazarde
Mesme aux plus grãds perils, sans qu'on se prene garde
Qu'on peut pour peu de cas encourir grãd tourment.
Puis dites ie vous pri' que ces dames tant belles,
Ne sont pas des esprits pour perdre les fidelles,
Et le ioyeux moyen de la perdition,
Veu que nous sçauons bien qu'elles sont la fontaine
De tout nostre mal-heur, toutesfois en grand peine
En elles nous cherchons nostre corruption.

Dames iugez un peu mais equitablement,
Si vous ne deuez pas chercher la courtoisie
De nous, qui vous gardons appuy de vostre vie,
Qui sommes vostre honneur & vostre auancement.
Qu'est-ce que vous pourriez, si liberalement
Nous ne vous soulagions, pauure race affoiblie,
Et que deuiendriez vous, si nous n'auions enuie
De vous communiquer nostre contentement?
Vrament pour vous monstrer quelle est nostre excellence,
Rabaissant quelque fois nostre sage constance
Nous vous faisons ioüir du bien que nous auons:
Et vous qui le sauez de fait où de pensee,
D'un plaisir tant parfait ayant l'ame eslancee,
Vous oubliez l'honneur dont nous vous obligeons:

Vous me dédaignerez, ie vous m'espriseray,
Vous direz mal de moy, ie n'en feray pas conte,
Vous me diffamerez, ie n'en auray point honte,
Et maugré vos dédains bienheureux ie viuray:
Ie ne vous aymeray ny vous rechercheray,
Et trionfant de vous mon ame sera pronte
A fuir vos beautez, car mon cœur ne se donte
Pour si peu dont iamais ie ne l'abuseray:
Ie ne profaneray l'honneur de ma ieunesse
A vainement nommer vne dame maistresse,
Et ne m'occuperay de telles vanitez:
Et vous qui cognoistrez la grandeur de mon ame,
De peur que disant uray, par tout ie ne vous blasme,
Vous me viendrez offrir vos plus cheres beautez.

Dames qu'auez vous tant qu'auec tant de mistere
Il faille rechercher, il y a bien de quoy,
C'est bien pour se donner en l'ame de l'esmoy,
C'est bien pour conceuoir au cœur tant de misere.
He! ie ne l'auray pas, ie ny sauroy que faire,
Il ny a pour cela ny bien ny mal pour moy,
Et vrament c'est tout vn, ie dis en bonne foy,
Que ie ne ueux tancer pour chose tant legere.
Bien nous uoila d'accord, mais dites uerité,
Vostre petit courage est il point dépité,
Me uoyant mespriser uos beautez & uous mesme?
Si est, & en auez plus de depit au cœur,
Qu'il ny a de plaisir, de grace & de douceur,
A receuoir de uous ce qui fait qu'on uous ayme.

Que peut il reuenir de tant se tourmenter,
Belles, en desirant de vous estre agreable,
Sinon de demeurer pensif & miserable
Pour vn suiet si vain qu'on n'ose s'en venter.
Il vaut mieux gayement quelques fois vous hanter,
Et en vous desrobant ce qui est desirable
Vous donner du plaisir, pour auoir le semblable,
Sans qu'il faille pour rien triste se lamenter:
Il faut estre ioyeux, & caresser les belles,
Et si on les cognoist glorieuses rebelles,
Pour leur faire despit, faut hanter autres lieux,
Il ne faut autrement aymer cela qui n'ayme,
Mais suyuant le hazard, se hazarder de mesme,
Et ne s'arrester point tant qu'on trouuera mieux.

Ne nous recherchez pas, se direz vous mes-dames,
Certes qui le feroit vous vous en fascheriez,
Ie croy (car il est vray) que si ne le vouliez,
Vous ne tendriez pas tant de filets a nos ames.
D'aise vous vous perdez quand quelques douces flames,
Bruslent pour vos beautez vn cœur dont vous riez,
Mais si ce n'estoit nous, tant perdues seriez,
Que ce ne seroit qu'vn le mal-heur & les femmes.
Ostez tous vos attours, vos fards, vos hameçons,
Sans cesse priez Dieu & gardez vos maisons,
Et ne nous allechez auec tant d'artifice:
Nous nous passerons bien de voir vostre beauté,
Et nous ne vous prendrons qu'à la necessité,
Car vous n'estes sinon pour nous faire seruice.

Si pour gaigner l'honneur des Lauriers de cet age,
Il me failloit tracer des vers sur ce suiet:
Pourautant que i'en sçay, ie serois le parfet,
A chanter les erreurs de ce sexe volage.
Et si pour vous brauer ie piquoy mon courage
Dames, vostre beauté se perdroit sans effait,
Il faudroit dire adieu, de vous ce seroit fait,
Mais non ie ne veux pas en dire d'auantage:
Ie ne vous lou'ray point, ny ne vous blasmeray,
Laissez moy viure en paix, ie vous y laisseray,
Aussi bien n'estes vous que mal-heur, honte, & perte:
Toutesfois par plaisir de vous pitié i'auray,
Pource que ie sçay bien que i'en enseigneray,
Plusieurs comme il faut estre humble, sage, & discrette.

Qui est celuy qui nous irrite,
Dira quelque belle depite,
Et ne trouue en nous rien de bon?
C'est vn qui à tous fait entendre,
Que si ne vouliez nous le vendre,
N'en mettriez à l'air le bouchon.

FIN du commencement.

www.ingramcontent.com/pod-product-compliance
Ingram Content Group UK Ltd.
Pitfield, Milton Keynes, MK11 3LW, UK
UKHW020229200726
13856UKWH00004B/1664